Numéro du livre dans la collection :

Textes de Eugénie Raphaëlle Lagacé

© Bernard Brunstein pour les illustrations - http://peinturedebernard.over-blog.com/

ISBN 9782322164622

Poèmes d'Eugénie Raphaëlle Lagacé

Illustrations de Bernard Brunstein

A l'aube du petit matin

Sous la pluie clapotin,
je rêvais.
Je rêvais de toi, je rêvais de nous.
Me surprenant sur le fait
nos corps s'entrelaçaient comme des fous.
Ton souffle à travers mes cheveux
plaquant mon regard des yeux.
Je sentis alors tes mains
sillonnant le creux de mes reins
d'une tendresse anonyme
plongeante sensualité sublime.
Peau à peau, cœur à cœur, âme à âme,
pour ressentir la passion de cette flamme.
Je compris que je ne devais t'aimer,
sobre, demain je serais sevré.

Amour, notre histoire

Très originale
mais peu banale.
A-t-elle un nom!
Oui passion.
Existe t'elle!
que dans le temps
et pourtant,
comme elle est belle.
Sans année ni jours,
n'ayant pour compte à rebours
minutes et secondes
Dieu! quel bombe!
Vivant parallèlement,
sentiments s'entrecroisant,
à peine se connaissant
mais s'aimant éperdument.
Dur à croire!

Amour, c'est notre histoire.

Ce soir

mon cœur bat la chamade.
Subtilement, mascarade.
Habiller de plumes légères,
non! mystère.
Ce soir
mon cœur à but la lumière
évoquant la prière.
Statut de pierre,
non! solitaire.
Ce soir
mon cœur assis là bas
admirant ton miroir ici-bas.
Histoire, passion`
non! désolation.
Ce soir
mon cœur guérit
abordant ces non dit.
Espoir, toujours,
non! Amour.
Ce soir
mon cœur dors
protégeant ses abords.
Fuite, détresse,
non! je proteste.

Cette étoile là dans le ciel

porte un nom.
Amour, comme elle est belle
rêves en pamoison.
Déesse du firmament
douce et diamant,
elle fait pleurer des cœurs,
courtisane des hommes d'honneurs.
Filante à ses heures
dans toute sa splendeur
distante, course folle
m'y pose un bémol.

Lumineuse et envoutante
discrète de tout ses souhaits
exauçant de son élégance
vœux, des amants secrets.

Fidèle à elle-même
assumant ses chaînes
elle éteindra sa lumière
de cet Amour serait-elle prisonnière.

Comme le soleil,

je voudrais te réchauffer
de mon âme t'ensorceler
sublime Amour à se délecter.
Comme la mer azur
vive et pure,
j'écouterai la mort
pour un seul jour encore.

Je voudrais te couvrir de baisers
caresses, romantisme et sensualité,
te dire à l'oreille tendrement
que tu es le plus beaux des amants

De cette chanson à la radio
s'abreuvant de ses mots
corps à corps
formant notre décor
découvrant dans nos yeux
que nous sommes seuls, amoureux.

Dans le silence de sa vie

murmure à son oreille ce bruit.
La ramenant à cet Amour
nuits et jours.
Elle est sienne
et il l'aime.
Non libre
bousculant son équilibre.

Il peint sur sa peau
l'écrit de ses mots.
Cette douleur d'un secret gardé
jamais dévoilé.
Est-ce fusionnel, charnel
par sa beauté éternelle.
l'envie, existe-t-elle.

Dans le silence de sa vie
sera-t-il son destin.
Murmure à son oreille ce bruit.
Peut-être demain!

Destin.

J'ai bu de ta source
épave de ton gouffre.
Dois-je mourir
pour te convertir.
Poursuivit par ton ombre
sans répit je songe.
Prisonnière de ton miroir
façonner à ton vouloir
muse, est mon destin
écrit de tes mains.
Moi, liberté
née pour aimer,
j'hallucine de tous ces mots
plume, couché de papier faux.
Je révèle mon cœur
suave douceur,
continue ma route
sans aucun doute.
Enthousiasme qui m'anime
alimenté de mon estime,
reniant le jugement du diable
de ces paroles affables.

Séduisante, sans trop bousculer,
passionné de l'option plaisir procuré.
Amour peu traditionnel
musique charnelle
Je m'endors avec elle.
Naturelle, voyante de l'oracle
me dit avec tact!
Il a bu de ta source
lui, condamné à ton souffle.

Douce musique

valse du cirque
enlacé au piège
tourbillons de manèges.
Clowns tristes
en scène en piste
yeux bouffis
voilà les tout petits.
Redore ton sourire
d'éclats de rire.
Funambules, contorsionnistes
aux sons des violonistes.
Dompteurs d'animaux
éleveurs de chevaux,
cris de tous ces oiseaux,
Majestueux et beaux.
Ballerine, silhouette effilée
gracieuse et gesticulée,
pointes élevées
arabesque statuée.
Gourmandises, friandises,
rire et délire
n'écoutant que les oui dire
drôle à mourir.
Abracadabra! Voici le magicien
chapeau, petit lapin.
Oh! Plus sérieux
Voici les trapézistes

sauts périlleux.
Chut! Quel risque!
Cracheurs de feu, hommes forts
fanfare jamais ne dors.
Tambours

troubadour
électrisants
épatants.
J'oubliai cette vieille bourrique!
Ah! Quel cirque!

Encore

je composerai avec la vie
nue, sans fuite ni délit
avançant dans le temps,
libre à l'envol de mon enfant.
Encore,
j'accompagnerai qui je suis
vivre, sans remords ni répit
appelant l'amour
 existence de tout les jours.

Encore,
je dérangerai autrui
protestant, justice qui faillit
femme me relevant
criant tout haut, il est temps.

Encore,
je penserai à la rencontre de nos âmes
qui n'eût qu'un regard comme flamme
habitant en moi pour toujours
jamais, nous ne connaîtrons l'amour.

Encore,
ce soir je ne peux t'aimer
si non, je m'y noierai
rebutant ton cœur à mort
n'y touchant, ai-je tort?

Je frappais

Je frappais, il m'a répondu
Dès ce moment, il m'a plu.
Il caressa mes cheveux
demandant d'exaucer ses vœux.
Puis, il parti à travers les champs
d'une brise légère tout simplement.
Etonnement, il me raconta son histoire
 selon son bon vouloir.
Il m'enveloppa de ses passions
 par le ton de son exclamation.
Il m'effraya de son attention,
s'excusa et reprit son bourbon.
Son souffle transporta mon corps
à travers son cœur rempli de remords.
Je me laissai envahir par la beauté de son âme
dessiné par l'ardeur de sa flamme.
Librement, il transperça ma peau
sillonnant chaque veine qui coulait à flot.
Les yeux arrachés par l'Amour
J'effaçais ses paroles brûlantes
me releva de sa chaleur enivrante.
Je frappai il m'a répondu.
Dès ce moment, il m'a plu.
Silencieusement, sans être vu
ce dissipa cet inconnu.

Je ne suis pas ce que je suis.
Je suis moi
toi
Je suis nous
tout.
Je suis l'éclat de cette femme
assujettie à ses armes,
l'âme de son corps
qui ne parle fort.
Je suis multiples visages
et maints paysages,
une goutte d'eau qui abreuve cette fleur
pour apaiser ses peurs.
Je suis un torrent ardant
à la fois petit et grand
l'inspiration
de toutes ces émotions.
Je suis Napoléon
au chantier de son bataillon
et cette colombe
poursuivant son ombre.
Je suis cette rose cueillie au petit matin
pour estomper rêves et chagrins.
Je suis tout ce que je veux
homme, mendiant ou vieux.
Je suis l'adultère
de tous ces cœurs solitaires,
les saisons
aspirées par ce grand tourbillon.

Je suis ce vent
soufflant à travers ces champs,
ce volcan
au milieu de l'océan
ardant, brûlant et passionnant
qui n'épargne ces gens.
suis cette prière
engouffrée sous l'étoffe de l'hiver
déchirée et multipliée par maintes lumières
pour retracer ce chemin découvert
Je suis le son de ta voix
la colère qui gronde en toi

les larmes de ton émoi
pourtant, je ne suis que moi...

L'Amour...oh!

Quel mot!
Comment le définir,
il y a tant a dire.
Le pleurer, le rire,
le délire, le vivre.

L'Amour maternel, inconditionnel
spirituel, charnel
fraternel, virtuel.

Au hasard
d'un seul regard,
pour un soir
peut-on y croire!
Aimer,
comme on voudrait être aimé

se respecter, se compléter
fidélité et liberté
sans se posséder
est-ce trop demander!
Se regarder
pour ne pas s'oublier.

L'Amour par habitude
amène la solitude
peur de ne plus être aimé
pourquoi se leurrer?
L'Amour de soi
s'aimer, tu vois!
L'Amour passion

 fou en perdre la raison.
 Guérir de ce grand Amour
oublié pour toujours.

 Mais dit....l'Amour!
Me viendras-tu un jour?

Le matin

un p'tit café pour Germain
qui dit à Aline yé bon en crime...
Café au lit
avec son chéri.
Mesdames c'est le temps..
Parlez lui dans le blanc...

Il est midi
café pour Sophie.
Attendez-moi mes chéris!
Et c'est reparti...
L'heure de la pause
un café s'impose
pour décompresser et relaxer
tout juste avant d'entrer...

Déjà le souper!!
Pas le temps de manger...
Vite! Vite! Un p'tit café
pour se tenir réveillé...

Enfin! La journée terminée..
S'abandonner aux bras de Morphée..
Ah non! Mais quelle idée...
Oubliez le café!

Musique, musique

j' y berce ma vie,
sur l'air de ce disque
sans prise n'y avis.

Je danse, je chante,
à flot la décadence.
Vole, flotte

je ne sais trop.
D'une chanson rigolote
je savoure tout ces mots.
J'oubli que j'existe

Me confondant avec le temps,

Toujours sur ce disque
perdu bien avant.
Tout ce bouscule dans ma tête
mélangeant réalité et rêve.
Mes pas silencieux de douceur
m'effraie, m'appelle non sans peur.
Il y a musique, mots, images,

Coller sur le corps d'un sage.
Entité, homme, femme,
je pars à la découverte de son âme.
Musique, musique,
soit le gardien de mon rythme,
symbiose, armure pathétique,
libre, symbolisant le mythe.

Nuit blanche de pleine lune

tu éclaires le ciel
de ton image existentielle
prospérité, bonheur à la une.
 Plus réaliste, attitude surprenante
pour t'évader de la routine
de ton cycle recommence

tu restes la divine.

De ton costume féminin
et tes yeux félins
 Tu tisses de nouveaux liens
aux astres masculins.

Par ta prestance majestueuse
 disant à la terre
et à son fleuve
qu'il reste tant à faire.

 Nuit blanche de pleine lune
 ronde et féconde
 illustrant la Joconde
douce maternité à la une.

Regard posé

sur l'image de nos actes
déchiré le pacte
des tabous incrustés.
Libre et immortel
de cette beauté charnelle
à l'acceptation des faits
de quoi demain sera fait.

De cette imagination
émerge la passion

Fantasmes, illusions
ne peux dire non.
Du sujet principale

Stimule le désir

De vivre ou mourir
Regard posé
peut-on l'assumer sans se défiler.
A bien y penser!!!
Question! Sans rétorquer.
Avez-vous écouté?
Prêt à changer…

Mais quelle idée!

Editeur : BoD-Books on Demand, 12/14 rond point des Champs Élysées, 75008 Paris, France
Impression : BoD-Books on Demand, Norderstedt, Allemagne
ISBN : 9782322164622
Dépôt légal octobre 2018